PREFACIO

En el corazón de Lanice yace una profunda pasión por el pueblo de Dios. Su inquebrantable dedicación a escribir, publicar y ministrar proviene de un lugar de profunda empatía y comprensión de lo importante que es perseverar. El compromiso de Lanice de proporcionar lo que deseaba tener mientras crecía en la salvación continúa impulsando su trabajo incluso ahora.

A través de los libros que produce, Lanice ofrece una herramienta poderosa para alcanzar a aquellos que necesitan esperanza, han perdido el camino o luchan por mantenerse en el camino de la justicia. Cada página es un faro de luz, una fuente de consuelo y un recordatorio de que la redención y la renovación en Dios están siempre al alcance de la mano.

En el centro de su ministerio, South Side Saints, los pilares son el amor, la gracia y la fe que se mantienen firmes, guiando cada esfuerzo y alcance. La misión de Lanice se basa en estos principios, dando forma a sus palabras y acciones mientras busca elevar e inspirar a quienes la rodean.

Te invito a explorar el mundo de South Side Saints a través de nuestro sitio web en southsidesaints.net. Siéntase libre de compartir sus solicitudes de oración y conectarse con una comunidad basada en la compasión y el apoyo.

Que las palabras de Lanice toquen tu corazón, fortalezcan tu espíritu e iluminen tu camino hacia una conexión más profunda con Dios. Abraza el mensaje de amor, gracia y fe que resuena en las páginas de su trabajo, y que encuentres consuelo e inspiración en las historias que comparte.

Con bendiciones
Publicación de la Palabra de Dios Co.

FE

/fāTH/
sustantivo

1. Confianza total en alguien o algo.
   "Esto restaura la fe en los políticos"

2. fuerte creencia en Dios o en las doctrinas de una religión, basada en la aprehensión espiritual más que en la prueba.

CAMINANTES DE LA FE

Aquellos que eligen caminar por fe, creo que inicialmente comenzaron con la necesidad de fuerza más allá de ellos mismos. Vieron que Dios tenía toda la fuerza; todo el poder; y el poder que necesitaban en sus vidas. Al buscarlo para que los ayudara a soportar la vida, obtuvieron una relación con la fuente, desarrollaron y aprendieron a operar la fe, y construyeron redes a través de la fe. Esa fe es el modelo de su vida. Es la razón por la que son notables en la Biblia; en mi vida; en tu vida; en nuestras iglesias; y nuestro gobierno. Fe. Se necesita fe para ser valiente. No hay una sola persona que haya luchado contra las normas sociales; luchó contra lo que el mundo dice que son normas por las que debemos vivir; Y no lo hicieron bajo la operación de la fe. Tenían que haber tenido paciencia, resistencia, algún nivel de inteligencia o educación. Pero si no creían que el cambio era posible, todo sería en vano. Por lo tanto, los antepasados de la Biblia y los que se describirán en este libro han impactado mi vida en función de su estilo de vida de fe. La Biblia dice que vencemos por la palabra de nuestro testimonio (Apocalipsis 12:11). La fe nos ayuda a superar todas las pruebas. La fe tiene la propensión a hacerte estar de pie. La audacia de hacerte hablar. El coraje de mirar esa situación a la cara y declarar que no te alejarás, que no correrás, que tomarás una posición y que creerás en Dios para obtener resultados diferentes. No creo que nadie que tenga una vida construida sobre la fe y se haya hecho notable por su impacto en el mundo, en nuestros países y en nuestros diferentes espacios, lo haya hecho con la mentalidad de que quiero que todos los demás digan: miren mi fe. Como creyentes en nuestros corazones, sí, queremos que la gente admire nuestra fe basada en una relación con el Señor. Por nuestro testimonio, pero no por notoriedad. Esa es la gran diferencia. Dios ha dado plataformas a aquellos que eligen servirle, de todo corazón, sin arrepentimiento. Hay una recompensa en la fe. La recompensa de ver a otros animados y atraídos al Señor. Ver a otros vencer, fortalecerse y liberarse de fortalezas y ataques similares. La máxima recompensa en la fe es saber que no estás sujeto a lo que nadie tiene que decir acerca de tus circunstancias, excepto el Señor. La fe es algo asombroso. La fe mueve montañas, eso lo sabemos. Pero la fe abre puertas. La fe cierra puertas. La fe cura las heridas. La fe te da la fuerza para mirar el trauma a la cara. La fe te empuja a través de los tiempos difíciles, la fe dice que hoy es difícil, pero mañana mi situación cambiará. Puede que no cambie, pero cambiará. La fe habla en una declaración. La fe no habla en las incertidumbres. Faith entiende y sabe que aquí es donde estoy, pero no es aquí donde siempre estaré.

La fe es fluida. Comienzas creyendo que voy a tener una relación con el Señor. Voy a creer en la fe y esto, esto, esto y esto va a suceder. La fe despega y las cosas suceden bien. Entonces las cosas no suceden y luego las cosas vuelven a suceder. Entonces las cosas se calman. Es en esa temporada tranquila que creo que cada "Caminante de la Fe" fue probado, probado y superado. Ganan mi atención a través del silencio, la incertidumbre y la confusión de la tarea en cuestión, su actitud cambia a: "Dios va a decir algo, pero debo estar en posición de escucharlo. Debo tener la pluma de mi corazón lista para escribir. Voy a recibir el mensaje claramente porque no hay nada que me impida escribir y escuchar". Muchas veces, una vez que Dios permitió que las cosas se calmaran, comencé a moverme. Empecé a poner mis manos en las cosas por falta de confianza en Dios. Mientras que los "Caminantes de la Fe" cuando las cosas se calman, se quedan quietos y esperan ver la salvación del Señor. Creo que debido a cada persona que se ha mantenido firme en la fe, ocurre un gran cambio. Las naciones cosechan el beneficio. Los negocios están floreciendo. Se crearon matrimonios. Las generaciones son benditas. Las campañas surgieron hacia el éxito de la victoria. Lo asombroso de la fe es que se extiende. Ni siquiera se basa solo en la vida del individuo que tiene la fe. Cada persona que me venía a la mente su fe empujaba a la grandeza en otras personas. Su fe abre puertas para otras personas. Su fe salvó a naciones y generaciones. Su fe protegía a aquellos que no podían protegerse a sí mismos. Su fe no era codiciosa, pero su fe era un plano abierto para que Dios lo usara. Doy gracias a Dios por ese plano. Le doy gracias a Dios de que estén tomando una posición. Doy gracias a Dios por no ceder a la duda, al hambre, al miedo, a la muerte, a la derrota y a la vergüenza. Se reunieron, empujaron y triunfaron, estoy seguro de que lloraron, también rieron y, sin embargo, tenían fe.

NOÉ

Entonces, todos conocemos a Noé, ¿verdad? Noé es famoso por tener fe en Dios y construir un arca. Pero no fue solo la obediencia de él construyendo el arca, sino que fue él siguiendo los detalles intrincados. Ignora a los detractores y sigue adelante. Trabajó arduamente en esta tarea. Los eruditos sugieren que le tomó de 50 a 75 años construir esta arca específicamente, de la manera en que Dios le instruyó que lo hiciera.

Génesis 6:13-22

Y dijo Dios a Noé: El fin de toda carne ha llegado delante de mí; porque la tierra está llena de violencia a causa de ellos; y he aquí que yo los destruiré con la tierra. [14] Hazte un arca de madera de gofer; Harás lugar en el arca, y la plantarás por dentro y por fuera con brea. 15 Y esta es la forma en que la harás: La longitud del arca será de trescientos codos, su anchura de cincuenta codos, y su altura de treinta codos. 16 Harás una ventana al arca, y en un codo la terminarás arriba; y pondrás la puerta del arca en su costado; Con pisos inferiores, segundos y terceros lo harás. [17] Y he aquí, yo mismo traigo un diluvio de aguas sobre la tierra, para destruir toda carne, en la cual está el aliento de vida, de debajo del cielo; y todo lo que hay en la tierra morirá. [18] Pero en ti estableceré mi pacto; Y entrarás en el arca, tú, y tus hijos, y tu mujer, y las mujeres de tus hijos contigo. [19] Y de todo ser viviente de toda carne, meterás en el arca dos de cada especie, para que vivan contigo; Serán macho y hembra. 20 De las aves según su especie, y de los bueyes según su especie, de todo reptil de la tierra según su especie, dos de cada especie vendrán a ti para mantenerlas con vida. [21] Y tomarás para ti de todo alimento que se come, y lo recogerás para ti; y será de alimento para ti y para ellos. [22] Así hizo Noé; conforme a todo lo que Dios le mandó, así lo hizo.

Ahora bien, ¿por qué necesitaba un arca? En primer lugar, antes de que Dios le diera hijos a Noé o la asignación del Arca, el Hermano Hombre ya tenía 500 años. Avanzando... Dios estaba harto de los ángeles caídos, los nefilim, y sus caminos lujuriosos. Sin embargo, dijo: "Ya terminé con eso, todo el mundo tiene que irse. Voy a empezar de cero y nadie va a vivir más de 120 años". Yo pensaría que Noé habría pensado: "¿Qué tiene que ver conmigo el caos de ellos? Estoy haciendo lo correcto. Mi hogar está en orden. No me destierres, quédate con los que te causaron el humo de tu ira". Pero no lo hizo. En cambio, su actitud fue: "Si esto es lo que quieres que haga, seguiré adelante y lo haré". Estoy seguro de que cuando él estaba construyendo el arca, la gente estaba incrédula porque nunca se inundó. No le preocupaba la gente del punto de vista del parabrisas (ver el siguiente capítulo). Que se convirtieron en espejos retrovisores cuando empezó a obedecer la voluntad de Dios. Mi imaginación del Espíritu Santo ve la conversación de esta manera: "Escuche, Dios dijo que este arca que estoy construyendo es porque está a punto de empezar a llover a causa de la gente. Toda criatura viviente se habrá ido, Dios está empezando de cero, y me dijo que salvara solo a mi familia". Para cuando terminó, tenía 600 años, así que ahora imagínenlo diciéndole a cada uno de sus 3 hijos de 50 a 75 años: "Ve a buscar los animales de tu lista, las moscas de la tuya y los pájaros de esta lista. Pidan ayuda a sus esposas también, muchachos, la necesitarán".

Se suben al arca obedeciendo a su padre. Tenían que haber tenido una fuerte reverencia por Noé para obedecer sin cuestionar. ¿Crees que le respondieron? No lo creo, si Noé es notable para que Dios tenga favor y le haya confiado la restauración del mundo en sus manos. Creo que Noé también tenía que ser honrado en su casa. Ud. no puede vivir de ninguna manera en su casa y luego Dios lo levante a Ud. por encima de los hombres. No funciona así. Entonces, mete a su familia y a todos los animales en el bote. El mundo comienza a llover durante 40 días seguidos hasta que se inunda. Ahora bien, las inundaciones no eran algo que muchos diseños arquitectónicos pudieran soportar. Para que hubiera sobrevivido a meses de lluvias e inundaciones, siguió esas instrucciones al pie de la letra. La vida continuó, el día a día como ser humano cuando comías y bebías sucedía, y Noé ni siquiera pensó en el marco de tiempo que estaba en este barco con múltiples personas y animales. ¿Derecha? Su mentalidad era: "Hágase tu voluntad en la tierra. como es en el cielo". Los 10 mandamientos no fueron escritos, pero él le dijo al Señor que lo que sea que ordenes, eso es lo que estoy haciendo. Dios estaba tan loco que su único pensamiento era lavar el mundo que le dio vida.

Dios debe haber apartado su rostro del mundo y haberse

ocupado de sus asuntos piadosos. Ni siquiera sé lo que haces cuando eres Dios y no estás prestando atención a las personas en la tierra que creaste porque estás eliminando a todos. La Biblia dice en *Génesis 8:1 que Dios se acordó de Noé,* para que Él lo recordara significaba que lo había olvidado. Estaba tan enojado con estas personas que olvidó a la única persona a la que confió la creación de la vida. Algunos llaman a Noé el segundo Adán porque Adán comenzó la vida y fue responsable de las criaturas de este mundo, pero Noé continuó con la vida después de la destrucción de este mundo. Después de que Dios se acordó de él, el agua comenzó a alejarse por un fuerte viento. Noé sabía que era hora de bajar del arca. Confió en Dios durante todo el proceso con fe. Creo que su familia tenía fe en él. Es notable porque se llevó el mundo a cuestas. Obedeció la palabra del Señor. Tenemos la promesa del arco iris porque él obedeció la palabra del Señor. Hay una bendición generacional unida a su obediencia... Uds. están aquí hoy, gloria a Dios. La vida de Noé dependía de: "Sí, Señor, obedeceré. Haz lo que quieras", tipo de fe. A pesar del disgusto y la vergüenza, hizo lo que tenía que hacer para salvar a la humanidad a través de la fe.

Le tomó más tiempo construir el arca de lo que le tomó a Dios juzgar al mundo y cumplir su promesa a Noé. Nuestra respuesta en situaciones y pruebas de fe puede determinar el resultado, ¡pero Noé asumió la tarea de salvar al mundo a través de la fe por sí mismo!

LOS CURIOSOS

Las personas que observan a los demás operan a través de la fe. Los espectadores lo hacen a través de dos puntos de vista diferentes: el parabrisas, rezando por ti, o el retrovisor, aprovechándose de ti. Es interesante cómo Dios me dio estas metáforas porque el parabrisas y el espejo retrovisor están conectados. No solo están conectados, sino que también están muy cerca. Al desarrollar estos conceptos, pensé en las personas que me rodean y que quieren lo mejor para mí. Mirando cómo ellos creen en Dios para mi futuro, para el mejor resultado posible, para que Romanos 8:28 se cumpla, así que están al frente. Su fe, visión y oraciones van delante de mí, su responsabilidad me está empujando hacia la meta.

Ambos tienen un propósito: 1) ver lo que está frente a ti o tener la capacidad de ver lo que viene hacia ti. Amén. 2) Para ver lo que hay detrás de ti, lo que te perdiste o lo que te extrañó.

Recuerdo un accidente que ocurrió por una silla en la autopista. Miré por el retrovisor, quería ver si todos los demás esquivaban la silla y tenían la misma oportunidad de seguir adelante. Lamentablemente, decir que no lo hicieron, lo vi y me aterrorizó por un momento. Pero por la gracia de Dios, pude ver lo que me faltaba.

En ambos puntos de vista, ellos están juzgando lo que haces durante la prueba de la fe y respondiendo en consecuencia. Juzgar para ver qué va a pasar cuando las cosas se pongan difíciles. Hacer comentarios u oraciones de acuerdo a lo que creen que sucederá, apoyando la idea de fracaso o éxito. Pueden pasar de un punto de vista a otro en función de su motivo en su vida.

Los espectadores retrovisores suelen tener dificultades para estabilizar la idea de la fe o tienen un historial de tener una fe defectuosa. Algunos se han engañado a sí mismos creyendo que no tiene sentido tener fe. Los espectadores del parabrisas anticipan su triunfo en la fe porque entienden y saben que hay una recompensa en la fe. La persona del parabrisas es el espectador que confía y está contigo ante Dios con fe.

Son señales obvias que le permitirán saber si una persona es un parabrisas o un espectador retrovisor. La gente del parabrisas no puede ser negativa, adoptar tu victoria y animarla, llamarte o enviarte un mensaje de texto para animarte y volcarse en ti sin esperar nada a cambio. Los espectadores retrovisores serán negativos; burlarse de la existencia de tu fe o incluso de Dios; y tienen la propensión a incluso querer verte fracasar para que ellos ganen.

Debes entender y saber quién está a tu alrededor. Estoy seguro de que has escuchado el dicho: "No todo el mundo necesita conocer tu negocio". Bueno, tengo una nueva perspectiva, tu prueba de fe y la victoria de Dios en tu vida serán evidentes por cómo te paras, ese es el asunto que necesitan saber. Deja que las personas lleguen a cualquier conclusión que les sirva. No tienes la responsabilidad de corregirlos o darles un detalle de cómo Dios está operando en tu vida.

La información da la capacidad de hablar cosas en el ambiente. Tus ángeles pueden llevar esas palabras a la guerra en tu nombre, otros pueden escuchar la grandeza que proviene de tu obediencia e interceder por ti. Tenga en cuenta que el enemigo opera en el aire; Él se aferra a esas cosas también para tratar de moverse negativamente a nuestro favor. Reza diariamente para protección después de las conversaciones o si sientes que fuerzas oscuras vienen contra ti. Subiré en oración a la gota. Puedo ser prolijo, pero una sola sentencia de fe por medio del poder del Espíritu Santo enviará protección hacia ti: Vengo contra toda palabra inicua que se hable contra mí. Envío cada mal pensamiento de vuelta al abismo del infierno. Ninguna arma forjada contra mí prosperará. Yo desmantelo toda agenda programada por el enemigo y lo dejo indefenso en el poderoso nombre de Jesús. Vengo en contra de cualquier palabra que las maldiciones hayan pronunciado sobre mi vida. La protección en la oración es importante para nuestras asignaciones.

Siempre he sido consciente de lo que la gente sabía de mí para que no chismearan. No importa lo que hagas, la gente va a cotillear. Podrías hacer todo de acuerdo con el plan de Dios y la gente va a encontrar algo que decir. Una vez que acepté eso, todavía era cauteloso sobre quién estaba a mi alrededor y sabía qué información sobre mí. Entonces la vida me enseñó una lección dolorosamente dura, que cuando las personas saben lo que estás haciendo y con quién estás interactuando, una vez que ven un avance en tu camino, cambian o más bien se desenmascaran como espectadores retrovisores.

Y eso está bien y desafortunadamente es normal, como les sucedió a José, Jesús y Pablo. ¿Quiénes somos?
La Biblia nos dice que conozcamos a los que trabajan entre nosotros. ¿Por qué?, porque no quieres confundir la ayuda en el ministerio con una persona que es un obstáculo. Continúa leyendo acerca de los que están en la Biblia y recoge de las personas en tu vida que son caminantes de la fe. Evalúa cómo tu vida y tu fe necesitan elevarse. El crecimiento de la fe es interminable. Es un músculo que debes ejercitar. Mientras haces ejercicio, permitirá que las personas se coloquen en la categoría adecuada. No tienes que hacer un anuncio, no tienes que hacer nada más que mantener el curso de la fe. Te mostrarán si son un parabrisas o un espejo retrovisor y en ese momento, depende de ti aceptar la posición que se han puesto en tu vida.

Oración: Señor, te doy gracias por este día. Eres digno de ser alabado. Te pido ahora mismo, Padre, ministra a mi alma y permite que mi mente no se vuelva loca pensando en lo que puedo hacer para arreglar esta situación o para crear la victoria, sino que te permita tener el control total. Estoy en el lugar de la victoria, sabiendo que la batalla ya está ganada. Estoy en el lugar de que soy más que un conquistador porque veré la salvación del Señor. Te doy gracias ahora mismo porque la palabra dice que 1000 caerán a mi lado, pero 10.000 a mi diestra. Cuando entro en la habitación, mi enemigo ya está derrotado porque camino en fe, y Tú entras en escena. En este día elijo honrarte y no caminar en emociones, sino que dejaré que el amor abunde con gracia en mi corazón. Te agradezco ahora mismo por mi gente de parabrisas.

Fortalécelos y anímalos, abre las ventanas de los cielos por mí. Juntos estamos declarando que Tú tendrás la victoria. Refrena mi lengua, para que no hable en contra de las obras del Señor. Ayúdame a tener la mente de Cristo pensando en fe. Perdóname por todo lo que he hecho o pensado que está en contra de Tu voluntad. Haz lo que quieras. En el nombre de Jesús, oro. Amén

Afirmación: Hay fe dentro de mí. Hay favor sobre mi vida.

DIÁCONO

Así que conocí a este joven después de un estirón espiritual. Llegué a esta tarea y el trabajo era un desastre: legal, ética, moral, financieramente, simplemente un desastre. Sin embargo, me fijé en este individuo por el bien de su identidad y el lugar de oración en el que nos conocimos, lo llamamos Diácono. Me dije a mí mismo y a cualquiera con quien hablara: "Oh, Dios mío, este hombre es tan increíble y genuino". Tiene una relación con el Señor, carácter moral, normas, honestidad y, lo que es más importante, se enorgullecía (en gran medida) de trabajar con los jóvenes. El hecho de que tuviera el puesto de gerente sobre él no significaba que lo supiera todo, aprendí cosas de él. Me sentí cómodo haciéndole preguntas si no estaba seguro de algo. Solo sabía que era alguien que había estado allí por un tiempo y que había invertido en la empresa. Y he aquí que no era un veterano, pero tenía integridad. Le dije: "Vas a ser mi número uno". Tenga en cuenta que alguien estaba en esa posición y le dije a mis superiores que necesitaba que tuviera un ascenso, que se deshiciera de la otra persona o que me diera dos supervisores. Deacon dijo: "Hombre, lo que sea". Dios abrió la puerta que el diácono ganó y que le fue dada por la gracia de Dios. Sin hacerle preguntas al hombre que me fui: "Esto es para ti. Voy a organizar su horario de entrenamiento para acomodar su tiempo, el equipo debe tener éxito. Puedes prepararte en la vida, ya sea para quitarme este puesto o para usarlo en tu currículum en otro lugar, blasé blasé". Empecemos porque no dijo que no, pero tampoco dijo que sí al principio, razón por la cual su fe me dejó boquiabierto. ¡Él se convirtió en mi gloria número uno para Dios!

Ni siquiera tuvo que entrevistarse para el puesto. Tan pronto como tuvo una conversación con mi superior y RR.HH. para asegurarse de que quería la responsabilidad, y no era solo lo que yo quería. (Eso fue lo mucho que me entusiasmé de lo increíble que era). De repente, otras personas se interesaron en esta posición. No pude construir una persona moral a partir de los candidatos porque ninguno tenía integridad, puntualidad, responsabilidad y honestidad, así que absolutamente no. No puedo confiar en ti para trabajar mientras estoy en el edificio, seguramente, no pude confiar en ti durante mi ausencia. Para mí, la gestión no es tener el control, sino colaborar. Esto significa que respaldaré las decisiones que tome y le pediré su opinión. Necesito confiar en que vienes con el corazón correcto.

Deacon tenía otro trabajo; Renunció a ellos y recibió la misma cantidad en pago más beneficios. Sabes que no perdió nada, ganó. Antes de que asumiera el cargo, me dijo que solo observaba cómo operaba. Bromeamos, jugando a la iglesia, estoy seguro de que cualquiera que haya ido a la iglesia o haya crecido en la iglesia bromea y juega a la iglesia, eso es lo que haces. Cuando llegaba el momento de la paz, rezaba en voz alta a los jóvenes, e incluso rezaban y pedían oración. Tocaba música gospel. Si hubiera algún caos, estoy llamando al enemigo allí mismo en el acto, no juego con el diablo, no tengo tiempo. Todos sabían que yo era salvo, y caminé en consecuencia, no era una pregunta y no era un secreto. Justo antes de que finalmente me aceptara, diciendo que quería dársela, dijo: "Estoy rezando por eso". Le dije: "Deberías", no solo oró al respecto, sino que habló con su madre al respecto. Eso tocó las fibras de mi Santo Corazón porque rezamos mucho en soledad. Orar a Dios por nosotros mismos es bueno, pero la Biblia dice que cuando dos o tres se reunían, él estaría en medio. No solo quería asegurarse de que estaba tomando la decisión correcta, sino que también se aseguraba de estar cubierto en el proceso. Amén. Cubierto por su madre en la fe antes de dar un paso en la fe. Cubierto mientras confía en la fe de otra persona en él. Eso me ayudó a entender que él verdaderamente honraba al Señor. El diácono honró la palabra del Señor que dice: honra a tu madre y a tu padre. En algún momento, estoy seguro de que su madre le dio instrucciones sobre cómo comportarse en un entorno profesional y cómo aceptar actos de bondad. Él le llevó ese consejo a ella para desafiarla por fe. Eso es lo mismo que hacemos con nuestra relación con el Señor. La palabra de Dios nos da escrituras para vivir nuestra vida de acuerdo a ellas. Cuando se ponga irritante, ora la palabra de vuelta a Dios: "Señor, tu palabra dijo..." Dios no es un hombre para mentir, y Él responderá a Su palabra. A partir de ahí, supe que había tomado la decisión correcta de acuerdo con mi fe en las personas. La vida se puso difícil para él por mi culpa. Reformé el ambiente de trabajo, tuve un equipo fuerte y fui el único grupo estabilizado en la empresa. No permitiría que personas de afuera entraran a nuestro espacio porque nuestros estándares estaban de acuerdo con Dios. Se mantuvo firme sabiendo que era el enemigo que venía en contra de lo que Dios estaba haciendo. Estábamos cambiando la atmósfera, trayendo paz, orden y transformación a los jóvenes a los que servíamos. Me animó cuando quise rendirme, me dijo: "El diablo es un mentiroso, vamos a aguantar, no van a tener la victoria. Dios lo hace". Me mantuvo de pie en los días en que quería desmoronarme personalmente, no podía estar tanto en el trabajo debido a mi crisis familiar en ese momento: enfermedad, cirugía, comienzo de la escuela, hospicio, muerte, funeral y cuidado. Trabajo durante las horas de la mañana, apareciendo los fines de semana y hasta altas horas de la noche para asegurarme de que estoy recibiendo actualizaciones y dejando que los jóvenes vean mi cara. Antes de que me diera cuenta, él lo estaba sujetando y no me está llamando estresándome mientras estoy lidiando con la vida. Él me enviará mensajes de texto: Estoy orando para que sigas adelante. Todo va a salir bien. Tú puedes hacerlo. Cuando hablaba con él, siempre me tranquilizaba: "No estoy tratando de molestarte, solo quiero saber... Está bien, eso es todo, descansa un poco". El diácono no solo tiene fe, sino que opera en fe. Se apoya y depende de la fe, especialmente cuando es menos conveniente. Fe en que lo respaldó cuando llamó porque a veces llamaba a horas locas, pero por motivos de emergencia. Lo más importante es que tenía fe en que no lo estaba utilizando, pero honestamente estaba lidiando con la vida mientras me venía a toda velocidad. Deacon siempre será una persona a la que estoy agradecido y que me importa. Dios abrió una puerta para que yo pudiera liberarme de esa entidad demoníaca de un lugar. ¡Aleluya! Empecé a hacer la transición. Cuanto más decidía no hacer la transición, más difícil se volvía, así que finalmente me rendí y renuncié. Se abrió una oportunidad que sería perfecta para Deacon, le dije: "Vienes conmigo, somos compañeros profesionales de éxito espiritual en este momento". Consiguió la posición en la que está floreciendo, y estoy muy feliz por él. Tiene una vida fructífera emocional, financiera, espiritual y físicamente. Escuche, su salud está mejor, está durmiendo más. Sabes que no quiero contar todos sus asuntos, pero estoy agradecido por la fe que él tiene y que tenía en mí y que yo tenía en él. Aprendí que la fe es un ciclo. Como dicen, el ciclo del amor. Sacas lo que pones. Si no pones nada, no sacarás nada. Llegué al primer trabajo por fe, reclamando la victoria sobre el territorio. Caminé por los pasillos. Oré en los salones con fe, no me avergoncé del evangelio de Jesucristo. Dios me estabilizó cuando lo necesité. Estabilizé a mi equipo y a los jóvenes para los que trabajé. Deacon se aseguró de que pasara por esa prueba de fe con la cabeza en alto y que estuviera bien y no quisiera nada a cambio. Hay gente en la vida que te observa. Se fijan en el Dios al que dices servir. La forma en que saques determinará cómo llegar al siguiente nivel. ¿Quién aumentará o tendrá fe en Dios simplemente por su fe? Diácono, eres importante para activar mi fe y caminar en fe, todo valió la pena.

Puede que ni siquiera entiendas lo que está pasando, pero cuando cedes y dices sí al Señor; Ese sí es la cláusula que está en las descripciones de su trabajo de fe: "Otros deberes como se describen mientras opera con fe". Debemos hacer esas "otras" cosas con espíritu de excelencia, no de perfección, sino de excelencia. La excelencia dice que no me voy a quejar, que voy a estar agradecido por el triunfo. Deacon es notable en mi vida, y oro para que su estilo de vida de fe haya despertado algo en ti para decir: "Quiero estar dentro de la timonel de la fe de alguien e identificar quién está en tu timón de fe".

LA MUJER SUNAMITA

2 Reyes 4:8-37

Entonces, se cuenta una historia interesante en Segundo Reyes. Se deduce que esta mujer era rica. Tenía todo lo que podía desear; podían pedir un camello viajero, lo que significa modernamente que tenían una gran cantidad de riqueza, automóviles y recursos. Ella honró al Señor y honró a Eliseo como profeta. Ella le hizo una habitación de invitados donde podía quedarse cuando estuviera en la ciudad. Tienes dinero para poder decir: "Constrúyeme otra habitación", sin que el costo de eso pase por su mente junto con la fe de que estaba haciendo la voluntad del Señor. Entonces, Eliseo le preguntó: "¿Qué quieres de toda tu hospitalidad, de todo tu arduo trabajo?" Ella no quería nada. Entonces, le preguntó a Gehazi, su segundo al mando: "¿Qué puedo hacer por ella?" Giezi hizo dos observaciones: "... Su marido es anciano y no tienen hijos". Eliseo dijo que estaba bien y le profetizó acerca de la concepción de un hijo. La mujer sunamita tuvo un bebé. Ese bebé se hace adulto. Ese hombre adulto se enferma. Su padre lo envía con su madre, luego muere. Ahora bien, el hijo no era un deseo hablado de ella como dice la Biblia. Usando el contexto de los días bíblicos, ella sí quería tener un hijo. Estoy seguro de que su marido hizo mención de un niño o quería que su linaje se llevara a cabo. Aparentemente, era imposible debido a una de sus composiciones biológicas. La Biblia dice que el Señor nos da los deseos de nuestro corazón (Salmos 21:2; 37:4). Ni siquiera tenemos que decírselo a nadie, pero si lo deseamos en nuestro corazón, entonces Dios puede honrarlo. La mujer sunamita recibió el cumplimiento de la profecía de Eliseo y/o el deseo de su corazón. La vida pasó y la enfermedad hizo que el hijo muriera en sus brazos en la planta baja. Pensó en llevar a su hijo a la habitación del profeta y ponerlo en su cama. Probablemente el hijo era más alto y pesado que ella. Sin embargo, no llamó a los sirvientes ni a su marido, sino que lo llevó solo al piso de arriba. Parece como si la mujer sunamita estuviera pensando: "Es hora de activar mi fe, comencemos desde cero. Yo estaba en esta habitación cuando recibí la profecía solamente. Déjame llevarlo de vuelta a esta habitación donde todo comenzó.

Cuando las cosas salgan mal, vuelve al principio. Volvamos a lo básico de la fe. ¿Cómo respondiste cuando creíste por primera vez? Hay una canción que dice: "Llévame de regreso, querido Señor, al lugar donde primero creí". ¿Por qué? Hay una inocencia en los comienzos. Hay una bendición en ser ingenuo. Dios puede hacer mucho con alguien que no quiere luchar contra Él por el control. Dios puede moverse pesada y poderosamente en la vida de alguien que se somete total y libremente a Él.

Entonces, volvió al principio en la habitación de Eliseo para colocar a su hijo adulto en la cama. Estaba molesta y necesitaba respuestas.

Estaba molesta hasta el punto de hacer un movimiento de fe. Su esposo le pregunta: "¿Está todo bien?" Ella dijo:

"Todo está bien". Mientras tanto, su hijo está muerto. Se montó en un camello y viajó hasta donde estaba Eliseo. "Señor, va a tener que venir a arreglar esto. Ni siquiera pedí esto. Tuve la fe de ir a buscarte. Tú tienes la unción para regresar y arreglar esto".

Eliseo regresó con ella con fe. Podría haber enviado un mensaje a través de uno de sus siervos para orar, pero no lo hizo. Regresó a esa habitación para obrar un milagro para el hijo gracias a la fe de su madre. Una mujer bendijo a tres hombres con su fe inquebrantable: su hijo tiene una vida; Su padre tiene un linaje; y Eliseo tiene estabilidad cuando viaja a Sunem.

Dios honra a los que hacen la obra del Señor; la familia sunamita obtuvo el favor del Señor porque ella tenía fe en lo que el Señor estaba haciendo por medio de su profeta Eliseo. Hay una recompensa en la fe. Puedes cosechar los beneficios de tu fe y no hay nada de malo en eso. Cuando la fe parezca difícil debido a esa relación, ese trabajo, ese programa, ese título, esos hijos, etc., o parezca que se está muriendo, o que muere, llévalo de vuelta a Dios con fe. Que Él lo reviva. Deja que Él sea Tu primera opción. Llévalo de vuelta a Dios en oración, con fe y, a veces, solo.

JOSÉ (PADRASTRO DE JESÚS)

Por lo tanto, la mayoría no habla de José y de cómo se mantuvo firme en la fe de que María no lo engañó y que todavía era virgen. Sabía muy bien que ella habría sido una paria si cualquier persona en la que no se confiara hubiera descubierto su situación. Sin embargo, Dios hizo una manera de escapar y francamente sabía que José tenía la fe para creer que su esposa virgen estaba embarazada por el Espíritu Santo. El Dios de paz en él le dio el valor para guardar el secreto y resucitar al Salvador. Sabiendo su posición como padrastro, ¿qué hombre más grande que eso? El que ayudó a allanar el camino para nuestro salvador es un testimonio de fe en un matrimonio edificado en la comunicación, la unidad y el honor. José no sabía lo que estaba pasando, pero confiaba en Dios porque incluso un cordón de tres pliegues no consumado no se rompe fácilmente. La actitud de fe de José decidió que no importa si debemos vivir en barrios bajos o viajar en secreto mientras estás embarazada. Pasa por momentos difíciles para mantener tu honor, lo voy a hacer porque te amo y tengo fe en que no eres un tramposo. Tengo fe en que Dios puede hacer lo milagroso. Estoy seguro de que ha escuchado historias del carnero en el monte para Abram; Noé en el Arca; David y Goliat, ¿qué es un milagro más? Si Dios necesita mi ayuda, se la daré. José honró su compromiso de ser el esposo de María porque tenía fe en que su esposa era verdaderamente un sacrificio vivo, santa y aceptable a Cristo. En el mundo de hoy, el bebé puede salir del tono equivocado y todo el mundo necesita una prueba de ADN. José no necesitaba probar a Jesús, sabía quién era el padre, pero sabía quién tenía que ser el padre hasta que Jesús estuvo listo para asumir la tarea de "ocuparse de los asuntos de su padre". José operó con fe en Dios con respecto a su matrimonio con María. Antes de que dudes en tu matrimonio, ten fe. Antes de buscar consejo externo en su matrimonio, tenga fe. Antes de emitir un juicio, escucha a tu cónyuge, confía en él y confía en el Dios que está en él. Opera en consecuencia, porque es en tu mejor interés que no los pongas en peligro debido a tu falta de fe.

DANIEL

Por lo tanto, la historia de fe de Daniel despertó la inspiración de "humildad mientras se está en el poder", en relación con el rey Darío. Daniel sirvió a 5 reyes, pasó el 85% de su vida en cautiverio debido a los caminos adúlteros de los Hijos de Israel hacia Dios, también conocido como idolatría. Aquí va el camino de la fe de Daniel. Esta historia cubre los capítulos 1 al 6 de Daniel. Él está haciendo lo que Dios lo llamó a hacer. Por supuesto, la gente codiciaba su don o lo que llamamos "odiarlo", pero incluso a través del odio, Dios obtiene la gloria. Dios está mostrando exactamente por qué Él es Dios, pero Daniel nos muestra por qué su estatua de fe es devota. Sí, la historia de Daniel y el foso de los leones es inspiradora, pero no es la postura de Daniel lo que me provocó esa escena. Era la postura del Rey.

Hablemos de cómo llegamos al foso de los leones gracias a la fe y la dedicación. Daniel era un hombre joven, pero el poder de la fe y la fe habló y declaró: "Sí, estoy en cautiverio en el que Dios me puso. No hay nada que yo pueda hacer para sacarme de mi cautiverio. Sin embargo, mi actitud, mi postura va a ser de gratitud, de honor al Señor y firme en mis oraciones". Daniel hizo exactamente lo que creó algunos enemigos, con razón, porque la fe y el favor no son justos. Cuando la gente vea que eres bendecido, y que Dios te sonríe debido a tu fidelidad, es mejor que creas que sus labios te atacarán.

El siguiente curso de acción para ti es orar por el poder de protección sobre tu vida y estar preparado para un ataque, pero estar preparado para el triunfo de Dios. En larga historia, Daniel está ascendiendo en el escalafón porque es un profeta que interpreta los sueños. Otros en el reino despreciaron el favor de Daniel y comenzaron a conspirar para deshacerse de él. Lo buscaron y no encontraron nada de qué acusarlo. Cuando sirves al Señor con alegría, haces lo que es correcto y guardas los estatutos del Señor. No eres perfecto, sino irreprensible y apartado. Estoy seguro de que estaban tratando de ver si estaba jugando, engañando a su esposa o conspirando contra el Rey. Daniel no estaba haciendo nada más que cumplir su tiempo mientras honraba al Señor. Era tan dedicado en la fe, consistente poderosamente en la oración. Su mejor plan era usar su relación con el Señor en su contra. Esa era la única forma en que podían hacerle tropezar para llamar la atención del rey Darío.

Daniel 6:3-5,7-8,10-11 RV
Entonces este Daniel fue preferido sobre los presidentes y príncipes, porque había en él un espíritu excelente; y el rey pensó ponerlo sobre todo el reino. [4] Entonces los presidentes y los príncipes trataron de encontrar ocasión contra Daniel acerca del reino; pero no hallaron ocasión ni falta; Porque en cuanto fue fiel, no se halló en él ningún error o falta. 5 Y dijeron estos hombres: No hallaremos ocasión alguna contra este Daniel, si no la hallamos contra él acerca de la ley de su Dios. 7 Todos los presidentes del reino, los gobernadores, los príncipes, los consejeros y los capitanes se han reunido para establecer un estatuto real y hacer un decreto firme, según el cual cualquiera que pida una petición

a cualquier dios o a un hombre durante treinta días, excepto a ti, oh rey, será arrojado al foso de los leones. 8 Ahora, oh rey, confirma el decreto y firma la escritura, para que no sea cambiada, conforme a la ley de los medos y de los persas, que no se altera. [10] Cuando Daniel supo que la escritura estaba firmada, entró en su casa; y estando abiertas las ventanas de su aposento que daban a Jerusalén, se arrodillaba tres veces al día, y oraba, y daba gracias delante de su Dios, como antes lo hacía. [11] Entonces estos hombres se reunieron, y encontraron a Daniel orando y suplicando a su Dios.

Ese plan fracasó estrepitosamente, pero la forma en que fracasó bendijo mi alma. Fracasó por fe, comenzó con fe. Sabían que Daniel era fiel en la oración a Dios, por lo que confiaban en que sin importar lo que alguien dijera o hiciera y sin importar las consecuencias, él oraría 3 veces al día. Daniel no defraudó, lo sorprendieron orando. ¿Por qué estás en mi casa de todos modos? ¿IKR? Daniel, siendo valiente, hizo que se supiera: "No me voy a esconder, no voy a cerrar la ventana mientras sirvo al Señor". Sé que todos ustedes conocen esa canción: "No tengo una religión de armario. No me avergüenzo del Dios al que sirvo. Tengo que hacérselo saber al mundo dondequiera que vaya..." Ya sea en cautiverio, en el hospital, en la tienda de comestibles o en el trabajo, vas a estar expuesto a mi vida de Jesús. Daniel se dedicó a sus asuntos como de costumbre porque 2 monos no se detienen, mi espectáculo Dios será glorificado, fue llevado ante el rey Darío.

Estoy seguro de que el rey Darío ya estaba pensando en Daniel como un amigo y quería decirle: "Señor, dije que nadie debe orar a ningún otro dios durante 30 días". Si Daniel pudiera responder comúnmente, diría algo como: "No puedo pasar 30 días o 30 horas sin orar. A veces 30 minutos. Probablemente iré 30 minutos, ya sabes, he tenido algunos días realmente buenos en el reino, ya sabes, pero 30 días Darius es ridículo sugerir". Entiendo su posición. La oración es esencial. Así es como recibimos dirección, fortaleza, confirmación o restauración. Nunca podía pasar sin estar en comunión con Dios durante demasiadas horas, no en esta etapa del juego. Podría orar durante 30 días seguidos, pero no puedo pasar sin orar durante 30 días, y claramente, mi hijo Daniel tampoco. Entonces, el rey Darío se encontró con la noticia y los haters lo presionaron para que decidiera: "Está bien, los escuché a todos, gracias. Entendí el mensaje". Se tomó su tiempo porque le dolía abordar esta falsa afirmación, sabía que Daniel era sólido y siempre había hecho lo correcto por él y su reino. Desafortunadamente, nada de eso importa cuando un rey hace o firma un decreto que está listo para ser honrado y el rey Darío no era propenso a parecer tonto. Los odiadores regresaron para recordarle que no podía cambiar su palabra, así que tu amigo se va al foso con los leones y obtiene lo que así dice el Señor. Aquí está la bendición, la fe de Daniel lo metió en esta situación, pero la fe del rey Darío lo va a sacar. En el momento de cerrar el estudio, estoy seguro de que el Rey no se dio cuenta de que estaba profetizando cuando dijo: "Tu Dios, a quien sirves continuamente, te librará". El rey necesitaba que Dios hiciera señales y prodigios en nombre de Daniel para liberarlo. La Biblia no dice que el Rey oró, pero sí dice que ayunó, no se tocó música y ni siquiera durmió mucho. No lo sé, pero parece que el rey Darío se dio cuenta de que algunas cosas solo suceden ayunando Y orando a través del poder de la fe. A primera hora de la mañana el Rey estaba nervioso, pero tenía fe porque no habría ido allí. Él creía que el Señor liberaría a Daniel. Llamó a Daniel: "Oh, Daniel, siervo del Dios vivo, ¿es tu Dios, a quien sirves continuamente, capaz de librarte?" Daniel no fue devorado por los leones, pero esos dos odiadores y sus familias enteras sufrieron las consecuencias debido a su insensatez. Más importante aún, hizo que el rey viera que el Dios de Daniel es el Dios verdadero y viviente.

Daniel 6:20-23 KJV
Y cuando llegó al foso, gritó con voz lastimera a Daniel, y el rey habló y dijo a Daniel: Daniel, siervo del Dios vivo, ¿es tu Dios, a quien sirves continuamente, capaz de librarte de los leones? [21] Entonces Daniel dijo al Rey: Oh Rey, vive para siempre. [22] Mi Dios ha enviado a su ángel y ha cerrado la boca de los leones para que no me hagan daño, porque antes de él se halló en mí inocencia; y también delante de ti, oh Rey, no he hecho ningún daño. [23] Entonces el rey se alegró mucho por él, y mandó que sacaran a Daniel del foso. Entonces Daniel fue sacado del foso, y no se encontró ningún daño en él, porque había creído en su Dios.

Y ahora, debido a la fe de Daniel, el Rey no solo ha comenzado a servir al Señor de todo corazón, sino que todos deben servir al Señor, el Dios de Daniel. Porque Él es un libertador y no solo sirve al Señor, sino que le teme hasta el final por las grandes cosas que Dios hizo.
La fe de Daniel trascendió a través de reinos,

generaciones y decretos. La obediencia de la fe no se trataba de él, sino de Dios. Dado que todo se trataba de Dios, Dios lo impulsó en algunos lugares, le dio una plataforma, le dio libertad para poder resistir la prueba de los tiempos, pero le dio talentos y dones con los que negociar, para exponerlos a conocer a Dios. A pesar de que no estaba en las circunstancias más agradables, su fe se mantuvo firme y Dios obtuvo la gloria.

Daniel 6:25-27 KJV
Entonces el rey Darío escribió a todos los pueblos, naciones y lenguas que moran en toda la tierra; La paz os sea multiplicada. 26 Ordeno que en todo dominio de mi reino tiemblen los hombres y teman delante del Dios de Daniel, porque él es el Dios vivo y firme para siempre, y su reino no será destruido, y su dominio será hasta el fin. 27 Él libra y rescata, y hace señales y prodigios en el cielo y en la tierra, el que libró a Daniel del poder de los leones.

LA TÍA

Las experiencias de fe de la vida real están muy distantes cuando se trata de consistencia e impacto. He visto a algunos que tienen una fe que depende de que si la respuesta de Dios los hace felices con los resultados, entonces toda la fe es posible, pero cuando Dios necesita usarlos para su gloria y felicidad no está inmediatamente en el otro extremo de su respuesta, entonces las reglas cambian. He visto a esta persona, la verdad, no tiene un título en particular en mi vida: biológica o legalmente no estamos conectados, pero espiritual, emocional y socialmente estamos conectados. Es fácil referirse a ella como mi tía o mi madre (cuando habla con su hija) la mayoría de las veces es mi compañera de oración, mi compañera de responsabilidad, en pocas palabras, ella es mi lugar seguro en la tierra. Sin duda, sé que su vida se basa en la fe en Dios. De los peinados que lleva. Los atuendos que armó; todo está representado en lo que Dios quiere que ella haga. Cuando era más joven, cuando tenía una pregunta sobre por qué ella había hecho cierta cosa, siempre respondía: "No sé, le pregunté al Señor. El Señor me dijo que dijera... Estoy siguiendo al Espíritu Santo. Estoy esperando en el Señor". Cada vez que surge algo, ella habla primero con el Señor al respecto.

Dondequiera que va, tiene paz. Ella trae la paz, camina a favor y la gente la honra. Es por la fe que tiene en Dios.

La audacia de la fe en que Dios responderá impulsa la certeza de que: "Dios va a manejar y cuidar de todo lo que me concierne". Cuanto más me acerco a Jesús, más comprendo que la seguridad es la razón por la que ella tiene tranquilidad en su fe. No es que la fe sea fácil, pero la fe es pacífica, la fe está libre de estrés y la fe renuncia al poder, el control y la manipulación de las circunstancias de la vida. La fe cede mis decisiones a Dios.

Mateo 6:25
Por tanto, os digo: No os preocupéis por vuestra vida, ni qué habéis de comer ni qué habéis de beber; ni aun para vuestro cuerpo, de qué os vestiréis. ¿No es la vida más que el alimento, y el cuerpo más que el vestido?
Mateo 6:25
"Por eso les digo: dejen de preocuparse o de inquietarse (perpetuamente inquietos, distraídos) por su vida, en cuanto a lo que comerán o lo que beberán; ni de tu cuerpo, en cuanto a lo que te pondrás. ¿No es la vida más que el alimento, y el cuerpo más que el vestido?

Mañana no es tu problema. A través de la fe, mi tía siempre me ha dicho: "Podemos obedecer al Señor en todo en nuestras vidas". Ahora sé cómo Dios requiere que mi cabello no esté (Alma, Cuerpo y Armadura entra en detalles sobre ese viaje), pero el Señor me permite tener un cierto peinado. Al observar a mi tía, llegué a comprender que mi cabello ni siquiera es mío, sin embargo, el Señor ve que yo lo haga, y así es como lo haré para que Él obtenga la gloria. Me sorprendió mucho una vez que el Señor me mostró un peinado con grandes trenzas de alimentación, separadas como corazones, y una cruz con raya en el medio de la parte posterior de mi cabeza. Lo hice de forma sencilla y rápida. Parecía un poco juvenil, pero era lindo y estaba emocionado. Estaba más entusiasmada con mi obediencia a Dios y confiaba en que Él me mostraría cómo hacerlo. No sé para quién me lo puse, pero lo hice. El Señor me hizo saber que alguien iba a ver esa cruz que necesita saber que es "creyentes sin remordimientos en el mundo". Y así llevé mi cruz con corazones con orgullo. Solo a través de la fe pude confiar en que mi peinado saldría de la manera que Dios me mostró, como he visto a mi tía hacer en muchas ocasiones.

Incluso hasta la forma en que se vestía, su obediencia es impecable. No lo entendía hasta que un día el Espíritu Santo me dijo que me pusiera unos pantalones cortos debajo de este vestido. El vestido que llevaba puesto no me llegaba hasta el suelo, pero sin duda me llegaba más allá de las rodillas. Pensé que seguramente debería ser "Está bien por gritar", absolutamente "No está bien". Por fe, me puse los pantalones cortos, fui a la iglesia y tuve que hacer más que un simple grito, tuve que entrar en modo de guerra y necesité esos pantalones cortos, me alegro de haber obedecido. La he visto a ella y a su esposo criar a sus hijos; estar en la brecha por toda su familia; declara las obras del Señor sobre sus nietos; sobrevivir a través de diferentes circunstancias de salud; tener fuerza para otras personas, su familia y sus hijos a través de la fe; y hacer una de las cosas más difíciles que una esposa puede hacer con la cabeza apoyada en el Señor.

He visto cómo el Señor proveyó para su familia debido a la fe que ella tenía en los negocios de su esposo. Ella sabía que debido a que honraba Su casa, el Señor siempre abría un camino para su casa. La fe la ha hecho humilde, fuerte y callada. La fe le ha hecho aceptar su antigua vida y ser capaz de decir con valentía las cosas de las que el Señor la ha sacado sin vergüenza. Ella entiende: "Yo soy un testimonio viviente", Su relación estabilizada con el Señor nunca cambió y nunca dudó de Dios. Incluso cuando se puso difícil, nunca cambió su fe en Dios. Parecía que se había hundido un poco más y yo ni siquiera creía que fuera posible. Ella lleva el ministerio a donde quiera que va. Ella crea ministerio dondequiera que va. Es una constructora de fe. Ella es un vehículo para la fe porque ella elige ser, no porque Dios la obligó a ser. "Ahora bien, la fe es la certeza de lo que se espera..." Sé que ella está esperando que este mundo cambie su corazón a Dios, que sus hijos sean salvados y que la sanidad se extienda por toda la nación. Me mantengo fiel a ella cada vez que puedo. Recojo fe en ella.

Tener fe es importante, pero tener una fe constante toca la vida de muchos. Al igual que Noah, ella construye a pesar de todo y no acepta el mensaje. No hay un arca física que ella esté construyendo, pero la espiritual se construye plantando semillas de Dios y el amor de Cristo. Está lleno de almas que se habrían perdido en el infierno. La fe hace la diferencia. Realmente puedo testificar que su fe es constante y ha tenido un impacto en muchas vidas.

LA FE QUE REÚNE

Reunir fe no se trata de lo que sabes, sino más bien de a quién conoces. Cuando conoces a Dios, tu Señor y Salvador Jesucristo, construyes una relación con Él. Dedicas tiempo a orar y leer la Palabra con él. Haces sacrificios por tu relación gracias a Él. Es importante que intencionalmente hagas espacio para tu relación con Dios todos los días. Puede sonar cliché, pero antes de que tus pies toquen el suelo y antes de que cierres los ojos son los dos momentos más importantes para comulgar con el Señor. Cuando te despiertas por primera vez, rezas para agradecer a Dios por el día, lo adoras, pides dirección, despejas tu mente de cualquier petición que puedas tener y le pides que te conceda paz y misericordia viajera. Antes de irte a la cama, le das gracias por el día, te arrepientes de cualquier pecado (omisión, comisión, pensamiento, palabra o acción), derramas tu corazón de las cargas de ese día y le pides que bendiga tu sueño y cubra a tu familia.

Orar y leer tu palabra continuamente crea un fundamento con el Señor. Tener un fundamento con el Señor es importante en tu camino de fe, disminuye la probabilidad de que te deslices y disminuye el tiempo en el que te quedarás descarriado. Los fundamentos de una relación sólida basada en la fe son la comunicación, la confianza, la coherencia, la paciencia, el amor, la comprensión, el perdón y la obediencia. Estas herramientas de forma independiente son impactantes; Sin embargo, no quieres ver el impacto de no tener ninguno de ellos. Ser débil en algunas áreas es normal y esperado por Dios, así que no te castigues por no obtener 100 en todas las áreas en todo momento, sino presiona, crece y permite que Dios te fortalezca en esas áreas.

El éxito de la fe requiere evidencia de crecimiento en tu vida. Nota para ti mismo: el crecimiento a veces incluye el desprendimiento de personas y eso está bien, adivina qué no te queda la ropa de cuando tenías 12 años y si estás cerca de los 12 años no te puede caber la ropa de 3 años. Porque has crecido y eso significa conseguirte algunas cosas nuevas, pero siempre hay cosas que puedes conservar, así que no te obsesiones con la pérdida, regocíjate por lo nuevo.

Todo lo que siembras en tu relación con Cristo se hace con una estrategia de salida de Dios en mente. Tuve este pensamiento mientras anticipaba el mover de Dios, cuando obedeces a Dios y operas en Su flujo bajo la unción de la fe, va a haber elevación y aumento de algún tipo. Esto no es para sugerir que debemos operar con fe para recibir de Dios, sino para recordarnos que ser fieles es beneficioso para nuestras vidas y las de quienes nos rodean.

Dios entiende que no es fácil para nosotros dejar ir. Por eso es una lucha constante. La Biblia habla de la tarea diaria de comprometernos con Cristo: Salmos 56; 68:19, Lucas 9:23; 11:3 y 1 Corintios 15:31. Si somos víctimas de saltarnos los tiempos con el Señor (para animar nuestras almas y fortalecer nuestra fe), entonces querer hacer las cosas a nuestra manera o permitir que la vida nos engañe se vuelve más fácil por el pecado. A lo largo de este libro, hemos visto cómo se ve la fe en la vida de los que nos rodean y en la vida de nuestros antepasados en la Biblia. Era una necesidad que cada persona decidiera que este era mi estilo de vida, las cosas van a funcionar y se van a hacer en mi vida centradas en la fe en Dios. Y lo que es más importante, no dieron lugar al miedo. La fe descarta todo lo que no diga: "Confío en el Señor y en Su palabra". La fe es la encarnación de la valentía. Se necesita coraje para ir en contra del mundo que vive una vida basada en lo que ve; tomar decisiones, crear empresas, construir familias, etc. a partir del conocimiento, la experiencia y la información que les da el gobierno, la historia familiar y su entorno. La fe es todo lo contrario, estás operando en base a lo que no ves, a través de alguien que nunca has visto. Fe que los que se reúnen son personas fuertes. Se necesita una persona fuerte para ceder y someterse. La fe nos empuja a no vivir con miedo ni a adoptar la ideología de que no hay Dios, porque cuando se pierde toda esperanza, elegimos a Dios y vemos cuánto estamos protegidos y provistos. Servimos a un Dios que multiplica, no solo dos peces y cinco cargas de pan, sino que multiplica las finanzas hasta alcanzar una cantidad mucho mayor de lo que está en la cuenta bancaria.

Se necesita la fuerza de las personas que te rodean para superar esos momentos en los que los milagros parecen imposibles. Confiar en su fe está bien, es necesario porque no podemos hacer esto solos. Te animo a tener compañeros de fe, cuando te sea difícil reunir fe, ellos tienen fe en su reserva para ti basada en lo que Dios ha hecho por ellos; lo que Dios ha hecho por ti; y lo más importante, lo que creen que Dios puede hacer en tu vida.

Oración: Señor, desato el poder y el potencial que la fe tiene hoy. Abro mis brazos y declaro que reuniré fe. Yo seré fe y caminaré en fe desde este día en adelante perfectamente imperfecto. Asumiré la tarea de permitirte suplir todas mis necesidades, eres un hacedor de caminos. Espíritu Santo, sé mi guía y mi roca. No hay absolutamente nada que pueda resistir
Tu poder. Vengo audazmente al trono de la gracia declarando que, Señor, seré un faro de fe, que vidas serán renovadas y transformadas a través de mi obediencia. En el Poderoso Nombre de Jesús. Amén

www.ingramcontent.com/pod-product-compliance
Lightning Source LLC
LaVergne TN
LVHW040925150826
845672LV00007B/2205

* 9 7 9 8 8 9 4 1 2 6 0 6 7 *